Web 3.0
além do futuro do marketing

ADMINISTRAÇÃO REGIONAL DO SENAC NO ESTADO DE SÃO PAULO

Presidente do Conselho Regional
Abram Szajman

Diretor do Departamento Regional
Luiz Francisco de A. Salgado

Superintendente Universitário e de Desenvolvimento
Luiz Carlos Dourado

EDITORA SENAC SÃO PAULO

Conselho Editorial
Luiz Francisco de A. Salgado
Luiz Carlos Dourado
Darcio Sayad Maia
Lucila Mara Sbrana Sciotti
Luís Américo Tousi Botelho

Gerente/Publisher
Luís Américo Tousi Botelho

Coordenação Editorial
Verônica Pirani de Oliveira

Prospecção
Dolores Crisci Manzano

Administrativo
Marina P. Alves

Comercial
Aldair Novais Pereira

Edição e Preparação de Texto
Lucia Sakurai

Coordenação de Revisão de Texto
Marcelo Nardeli

Revisão de Texto
Vivian Coelho

Coordenação de Arte, Projeto Gráfico
Antonio Carlos De Angelis

Capa e Editoração Eletrônica
Veridiana Freitas

Coordenação de E-books
Rodolfo Santana

Impressão e Acabamento
Gráfica CS

Proibida a reprodução sem autorização expressa.
Todos os direitos desta edição reservados à

Editora Senac São Paulo
Av. Engenheiro Eusébio Stevaux, 823 – Prédio Editora – Jurubatuba
CEP 04696-000 – São Paulo – SP
Tel. (11) 2187-4450
editora@sp.senac.br
https://www.editorasenacsp.com.br

© Editora Senac São Paulo, 2024

Dados Internacionais de Catalogação na Publicação (CIP)
(Simone M. P. Vieira – CRB 8ª/4771)

Rampim, Maria Olívia
    Web 3.0: além do futuro do marketing / Maria Olívia Rampim. – São Paulo : Editora Senac São Paulo, 2024.

    Bibliografia.
    ISBN 978-85-396-4790-3 (Impresso/2024)
    e-ISBN 978-85-396-4791-0 (ePub/2024)

    1. Internet 2. Web 3.0 3. Rede de computadores 4. NFT 5. Criptomoedas 6. Metaverso 7. Redes sociais I. Título. II. Série.

23-2064g   CDD – 004.678
                                                      332.178
                                              BISAC COM060000
                                                     COM060090
                                                     BUS114000

Índice para catálogo sistemático
1. Internet : Rede de computadores 004.678
2. Moedas digitais 332.178

Maria Olívia Rampim

Web 3.0
além do futuro do marketing

Editora Senac São Paulo – São Paulo – 2024

Sumário

Nota do Editor | 7

Apresentação | 9

As três fases da internet:
Web 1.0, Web 2.0, Web 3.0 | 11
    Da internet discada aos primeiros
      passos dos relacionamentos virtuais | 13
    O produto que todos precisavam e a aceitação natural | 14
    O ser humano será substituído por máquinas? | 17

Comunidades e
corporações descentralizadas | 21
    O marco do pertencimento na criação do bitcoin | 22
    Como gira a economia de corporações descentralizadas? | 26

Hábitos de consumo na internet | 29
    A experiência de compras nas telas | 31
    Surgem as redes sociais e os vídeos unboxing | 32
    A pandemia e as necessidades emergenciais | 33

Blockchain:
a transparência como jamais vista | 35
    Desmistificando a blockchain | 37
    Contratos inteligentes e compras mais seguras | 38
    O futuro do marketing na Web 3.0 | 40

NFTs: a arte de valor intangível | 43
    A primeira venda de NFT no mundo | 45
    A fusão da criatividade com a tecnologia | 46

Criptomoedas e o futuro do dinheiro | 49

    O mundo digital e descentralizado | 51
    Como utilizar as criptomoedas no dia a dia? | 52
    Os desafios da regulamentação das criptomoedas | 54
    O próximo capítulo da revolução digital | 55

Metaverso, plataformas de realidade virtual e seus desafios | 57

    Como acessar o metaverso? | 59
    A tecnologia a favor do marketing | 61
    O desafio: experiências para todas as idades | 62

Ferramentas de inteligência artificial | 65

    A inteligência artificial na Web 3.0 | 67
    Ferramentas que simplificam a complexidade | 69
    Cinco tipos de ferramentas de IA que todos podem utilizar | 70

Novas redes sociais: usuário com poder de escolha | 73

    O que as novas redes sociais da Web 3.0 vão resolver? | 75
    Quais são as redes sociais da Web 3.0? | 76
    Nos vemos no futuro! | 78

Referências | 80

Nota do Editor

Da primeira fase – a chamada Web 1.0 – até a atual Web 3.0, a internet vem passando por constante evolução, conforme são criadas novas funções para essa rede de comunicação que veio para facilitar nossas vidas. O que inicialmente foi pensado para encurtar distâncias, agilizar processos e aproximar pessoas, hoje é, como define a autora, praticamente uma extensão do nosso corpo.

Essa transformação digital atingiu e provocou mudanças no comportamento humano em geral. Este livro traz um recorte no que diz respeito ao marketing e apresenta tecnologias como metaverso e inteligência artificial – entre outras – e a forma como tudo está conectado e impacta nossos hábitos de consumo hoje, além de nos instigar a pensar sobre o futuro, pois essa jornada de evolução conjunta do homem e da máquina é contínua.

Com esta publicação, o Senac São Paulo visa atender ao público que busca informações em linguagem acessível sobre o universo da Web 3.0, e é destinada tanto a estudantes quanto a profissionais da área.

Apresentação

Olá, sou Maria Olívia Rampim, apaixonada pelo mercado publicitário e pela tecnologia. Minha jornada profissional é uma busca constante de excelência na comunicação e inovação no mundo digital e meu objetivo com esse livro é trazer um olhar sobre a nova era do marketing e as ferramentas necessárias para o seu aprendizado.

Fatos importantes sobre a ascensão do metaverso e a aplicação de ferramentas Web 3.0 são os principais pontos do conteúdo rico em história e questionamentos que você irá encontrar neste livro. Você vai poder participar ativamente desse mundo cheio de dúvidas: até que ponto o ser humano será capaz de utilizar a tecnologia a seu favor no trabalho e no dia a dia?

Ao longo de minha carreira, percebi o impacto da transformação digital no cenário da publicidade e a importância de estudar o mercado da tecnologia, da Web 3.0 e das grandes variáveis do metaverso.

Neste livro iremos relembrar toda a trajetória da internet até aqui. Vamos falar também sobre o perfil do consumidor moderno e sobre a nossa moeda, que aos poucos vai deixando de ser em papel para se tornar digital.

Escrever este livro faz parte do meu desejo de compartilhar conhecimento e fazer a diferença na vida das pessoas. Temas complexos que baseiam o futuro do marketing me movem com a certeza de que estou no caminho certo.

Espero contribuir e proporcionar grandes insights ao longo deste livro!

Boa leitura!

CAPÍTULO 1

As três fases da internet: Web 1.0, Web 2.0, Web 3.0

Figura 1.1 – Internet com conexão discada

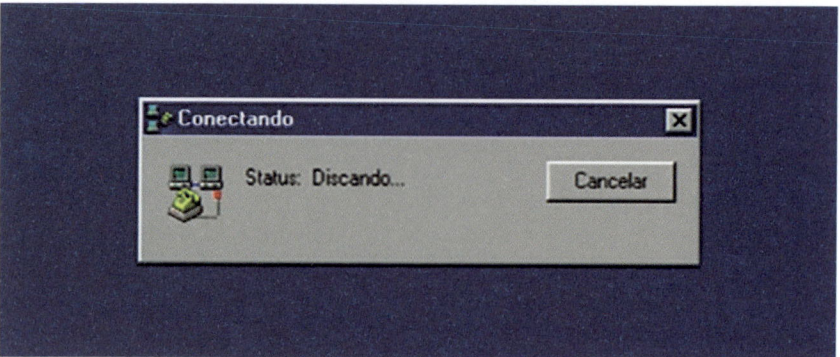

Internet com conexão discada na década de 1990. Para você a imagem acima é nostálgica e fez lembrar até do ruído da conexão ou você não faz ideia do que se trata?

Em tempos anteriores ao surgimento da internet, como as pessoas se comunicavam estando fisicamente distantes umas das outras? Por meio de telefonemas, cartas, telegramas? Se você nasceu e cresceu num mundo digital, consegue imaginar como as pessoas se comunicavam à distância naquela época analógica? Por que será que, no início, tanta gente teve receio em relação à internet e, hoje, essa tecnologia é quase uma extensão do nosso corpo?

Neste capítulo, vamos explorar a evolução da internet e suas diferentes fases, bem como sua influência no nosso cotidiano ao longo dos anos.

De forma sucinta, podemos dizer que a Web 1.0 foi a fase de descoberta, marcada pelo conteúdo estático, pelos meios de comunicação em desenvolvimento, pelas notícias que começavam a chegar mais rapidamente do que pelas TVs e rádios, e pelo conteúdo criado pelo próprio usuário, que era detentor e responsável pelo que fosse publicado.

Já a Web 2.0 trouxe as redes sociais, os conteúdos em streaming, vídeos, áudios, textos longos ou curtos, as *fake news* e tantos outros conteúdos. A Web 2.0 introduziu a interatividade e a colaboração, deu poder para o usuário se expressar de forma rápida, entregou dispositivos que cabem na palma da mão e que, em poucos cliques, podem fazer maravilhas.

E a Web 3.0? Como podemos defini-la se ainda nem entendemos exatamente para que ela serve? Basicamente, ela é a junção de tudo o que aconteceu em relação à internet ao longo das décadas, e o que predomina nesse ambiente é a comunidade. Os dados inteligentes que nós mesmos alimentamos durante esses anos prometem transformar radicalmente a experiência on-line. A seguir, vamos entender de que forma isso deve ocorrer.

DA INTERNET DISCADA AOS PRIMEIROS PASSOS DOS RELACIONAMENTOS VIRTUAIS

Em meados dos anos 1990 teve início a primeira fase da world wide web (WWW), quando os usuários começavam a entender de fato como aquela ferramenta seria utilizada para consumo, interação e trabalho. Web 1.0 é um termo utilizado para descrever essa primeira geração, que começou a ser desenvolvida em 1989 e se tornou mais acessível ao público em 1991, graças ao trabalho de Tim Berners-Lee, um cientista da computação britânico, e outros colaboradores. Na época, a internet já existia, mas era principalmente um meio para troca de e-mails e arquivos entre acadêmicos e especialistas em computação. A criação da WWW tornou a internet muito mais acessível e utilizável para o público em geral.

Na década de 1990, o compartilhamento de arquivos era feito por meio de disquetes, como mostra a figura à direita. Hoje temos a nuvem. O que virá depois?

Na Web 1.0 surgiram portais de notícias como *Cadê*, *Uol*, *Terra*, *Yahoo* e outros, por meio dos quais as informações e notícias passaram a ser transmitidas mais rapidamente; começou a guerra da imprensa on-line; nasceram as colunas editoriais on-line. Um novo tipo de formadores de opinião passou a escrever matérias, artigos e resenhas, conteúdos em que o público confiava tranquilamente.

Em termos técnicos, a Web 1.0 era caracterizada por:

- internet discada;
- conteúdo estático em texto e HTML básico;
- servidores únicos e lentos;
- navegação limitada.

Blogs e chats eram a sensação dos anos 1990. Os blogs pessoais contavam histórias individuais, íntimas e, muitas vezes, reveladoras. Já os chats, que ficavam dentro dos portais de notícias, deram início ao que chamamos hoje de relacionamentos virtuais. Desbravávamos um ambiente desconhecido, porém muito promissor e divertido! O que viria depois?

O PRODUTO QUE TODOS PRECISAVAM E A ACEITAÇÃO NATURAL

Mais de 10 anos se passaram e surgiu a Web 2.0. O marco se deu em 2004, após uma conferência chamada "Web 2.0", conduzida por Tim O'Reilly – fundador da O'Reilly Media ou O'Reilly & Associates, empresa que publica livros e organiza conferências sobre tecnologia – e Dale Dougherty – cofundador da O'Reilly Media e conhecido por ter criado a revista Global Network Navigator (GNN), um dos primeiros portais web comerciais.

O'Reilly e Dougherty popularizaram o termo Web 2.0 e disseminaram ideias em torno de código aberto, sustentabilidade, DIY (faça você mesmo), robótica, tecnologia acessível e tantas outras ideias capazes de revolucionar e até eliminar a Web 1.0.

De 2004 a 2021 muitas coisas evoluíram e esses anos foram marcados por interatividade, conteúdo personalizado, redes sociais, serviços em cloud, aplicativos mobile, usabilidade, serviços de streaming e internet das coisas.

Na Web 2.0, o usuário já não tem controle sobre o seu conteúdo: ao utilizar uma plataforma, esta pode exigir e usar seus dados pessoais de forma tão rápida que ele nem mesmo percebe. Surgem então as *fake news*, ou notícias com fontes não tão confiáveis. O usuário passa a se preocupar com aquilo que pesquisa.

O papel do usuário é importante, pois é ele quem gera dados suficientes para alimentar as tecnologias de modo que elas possam sugerir anúncios com produtos personalizados.

Ao realizar buscas na internet estamos alimentando um banco de dados sobre nossas preferências, e o marketing se beneficia disso para alcançar o consumidor de maneira certeira.

Certamente, ao abrir alguma rede social, você já recebeu um anúncio e pensou: "nossa, eu estava precisando exatamente disso". Nada disso é coincidência; você depositou todos os seus interesses e desejos na internet por meio de buscas no Google, curtidas no Facebook e no Instagram, visualizações de vídeos no YouTube e no TikTok, etc. O nosso consumo mudou de alguns anos para cá: passamos a pedir comida por apps mobile e a comprar roupas, acessórios, celulares e até imóveis pela web.

Por esse motivo a Web 2.0 é um marco na humanidade. O usuário entendeu que é muito mais fácil enviar uma mensagem pelo WhatsApp para resolver um problema do que fazer uma ligação pelo telefone. Além disso, no trabalho remoto (home office), que ficou ainda mais popular em consequência da pandemia de covid-19, funcionários não precisam mais se conectar a servidores para enviar um documento importante para seus chefes, não importando onde estejam: com apenas alguns cliques, o serviço em nuvem possibilita essa entrega.

Na parte técnica, a Web 2.0 era formada por:

- internet 4G e fibra ótica;
- conteúdo interativo;
- usuário e aplicações colaborativas;
- sites com HTML avançado JavaScript e JQuery;
- redes sociais para compartilhamento de informações;
- serviços em nuvem.

Foram necessários muitos avanços tecnológicos até chegarmos ao ponto em que estamos hoje. Claramente, a Web 2.0 teve suas fases de adaptação e construção, mas em relação à Web 1.0, na década de 1990, teve muito mais aceitação.

Se já estava bom assim, o que mais poderia ser diferente?

O SER HUMANO SERÁ SUBSTITUÍDO POR MÁQUINAS?

Figura 1.2 – O ser humano e a inteligência artificial

Não seremos substituídos por máquinas; elas ainda dependem da ação humana para poderem "pensar".

Sites abertos em segundos, internet 5G, economia digital, metaverso. O que tudo isso significa na Web 3.0?

Já pensou se não precisássemos de uma casa de câmbio para viajar a outro país? Tente imaginar se tivéssemos uma única moeda com o mesmo valor em qualquer lugar do mundo.

A Web 3.0 tem uma característica muito importante para a evolução da internet: a descentralização. Assim como na Web 1.0, quando você era dono do seu próprio conteúdo, na Web 3.0 não será diferente, mas agora você pode construir o que quiser na internet sem intermediários e sem precisar se preocupar em ter seus dados pessoais vazados. Fica claro que a Web 3.0 será um passo histórico para a tecnologia e para a economia em geral.

IMPORTANTE

Alguns termos técnicos são bastante utilizados nessa fase, e você os verá com frequência: inteligência artificial, tokenização, metaverso, blockchain, dados criptografados, aplicativos descentralizados (dApps), privacidade e segurança, entre outros.

Se na Web 2.0 os anunciantes utilizavam de dados e interesses reais para divulgar seus produtos, na Web 3.0 essa experiência será ainda mais profunda. A inteligência artificial será capaz de recomendar conteúdos, produtos e serviços não só a partir da sua forma de navegação na internet, mas com o que você fala e até o que pensa! A recomendação de conteúdos, produtos e serviços será exclusiva, voltada para as suas preferências, e a IA será responsável por entender todos os seus traços de consumo e de estilo de vida.

A blockchain, tecnologia utilizada para o registro de transações descentralizadas e seguras, será a responsável pela transparência e pela segurança nos diversos formatos de compartilhamento de dados importantes e registros que hoje são feitos manualmente em cartórios. A blockchain é como um grande livro-razão responsável por todas as verificações e aprovações de um registro, seja ele a compra de um veículo, o nascimento de um bebê ou a abertura de uma conta em um banco.

E as relações humanas? As redes sociais e os meios de comunicação digitais? Na Web 3.0 utilizaremos a interoperabilidade, ou seja, não será mais necessário lembrar das senhas de todas as redes sociais das quais participamos: com apenas um clique e um acesso poderemos interagir com amigos e familiares e até receber recompensas por cada dado gerado nas plataformas – o que se chama de "usuário sendo pago pelo tempo perdido", afinal, quantas horas do dia passamos perdidos em vídeos de gatinhos fofos ou sendo interrompidos por anúncios a cada três stories?

Web 1.0, Web 2.0 e Web 3.0 são partes da evolução das necessidades do ser humano, que passou de um ser estático a um usuário com necessidades únicas e personalizadas. Não seremos substituídos por máquinas, mas é nosso papel estudar a máquina para nos tornarmos a evolução dela. Afinal, para a máquina ser alimentada, ela precisa de um ser humano, mas o ser humano não precisa de uma máquina para se alimentar (ainda).

CAPÍTULO 2

Comunidades e corporações descentralizadas

Depois de entender como e porque as fases da internet são responsáveis pelo comportamento humano e suas relações interpessoais, vamos agora explorar melhor o conceito de comunidades e corporações descentralizadas.

O grande papel da Web 3.0 é dar ao usuário o poder de escolha e, além disso, fazer com que ele participe das construções que acontecerão nesse meio. Na Web 1.0 você podia criar o seu conteúdo, mas de forma muito limitada. Depois, na Web 2.0, tinha a falsa sensação de ser dono daquilo que produzia, mas entendeu que tudo tinha um preço. Pois bem, na Web 3.0, você pode escolher entre ser anônimo ou ser colaborador.

A Web 3.0 traz consigo o conceito de descentralização, abrindo portas para comunidades e corporações que operam de maneira transparente e distribuída. Essa nova abordagem afeta a dinâmica entre usuários e empresas e a colaboração descentralizada mudará a maneira como os produtos e serviços são criados e consumidos.

Imagine se em 2004 você fosse convidado para colaborar com o projeto do Facebook. Sua participação teria recompensas eternas e seu nome poderia estar nas primeiras linhas da história da rede social. Seria incrível, não é mesmo? Com o Facebook isso já não é possível, mas você pode fazer parte de futuras grandes corporações que serão desenvolvidas e criadas a partir de agora. Para isso, fica uma dica: pesquisar por empresas descentralizadas, que não possuam um único dono e que estejam dispostas a dividir seus ganhos com a comunidade. Foi assim com o bitcoin em 2009.

O MARCO DO PERTENCIMENTO NA CRIAÇÃO DO BITCOIN

Em 2009, um grupo de pessoas introduziu no mercado uma criptomoeda chamada bitcoin. Esse grupo ficou conhecido pelo pseudônimo de Satoshi Nakamoto, mas até hoje não se sabe a verdadeira identidade de seus participantes. Sua ideia inicial era criar um sistema de dinheiro digital que permitisse pagamentos on-line diretos, sem a necessidade de um intermediador ou de uma instituição financeira. Na época, parecia uma ideia absurda, visto que os bancos estavam no auge da economia digital. No entanto, para essa comunidade, nada era impossível.

O primeiro passo do bitcoin foi incluir transações financeiras processadas e verificadas em um sistema descentralizado chamado "mineração", processo pelo qual um software e um grupo de pessoas são capazes de verificar, por meio de um problema matemático, se aquela transação é real e pertinente. Assim que o minerador tem a "prova do trabalho" verificada, recebe uma recompensa em bitcoins.

Assim surgiu a primeira comunidade descentralizada de uma corporação. Parecia simples: pessoas anônimas são inseridas com suas máquinas em um sistema baseado em protocolos na blockchain, resolvem um problema como forma de registrar a transação e recebem uma recompensa pelo trabalho realizado.

Figura 2.1 – Representação da bitcoin

A bitcoin surgiu como opção de moeda virtual para a realização de pagamentos on-line diretos sem a necessidade de instituições financeiras. Parecia uma ideia absurda, mas nossa carteira está cada vez mais digital.

E a hierarquia? Quem é de fato o dono da corporação?

Sistemas de hierarquia são a grande mudança prevista no mundo descentralizado. As DAOs (corporações descentralizadas autônomas) são entidades que operam sem uma estrutura hierárquica centralizada, controladas por contratos inteligentes e protocolos. Todos os membros inseridos participam de tomadas de decisões de maneira democrática. Sendo assim, o peso da votação se mantém linear, ninguém sai perdendo por ter uma porcentagem menor da corporação, uma vez que as porcentagens são iguais para todos. Todos podem ser donos, basta serem aprovados e seguirem com suas responsabilidades conforme o direcionamento de cada corporação.

Qualquer projeto pode se tornar uma DAO, basta ser uma organização baseada em blockchain, código aberto e seguir protocolos de descentralização. Alguns exemplos são DAOs ligadas a:

- projetos ambientais e de sustentabilidade;
- conteúdo e criadores;
- serviços;
- jogos virtuais;
- fundos sociais;
- investimento coletivo;
- grupos de pesquisa;
- ventures, etc.

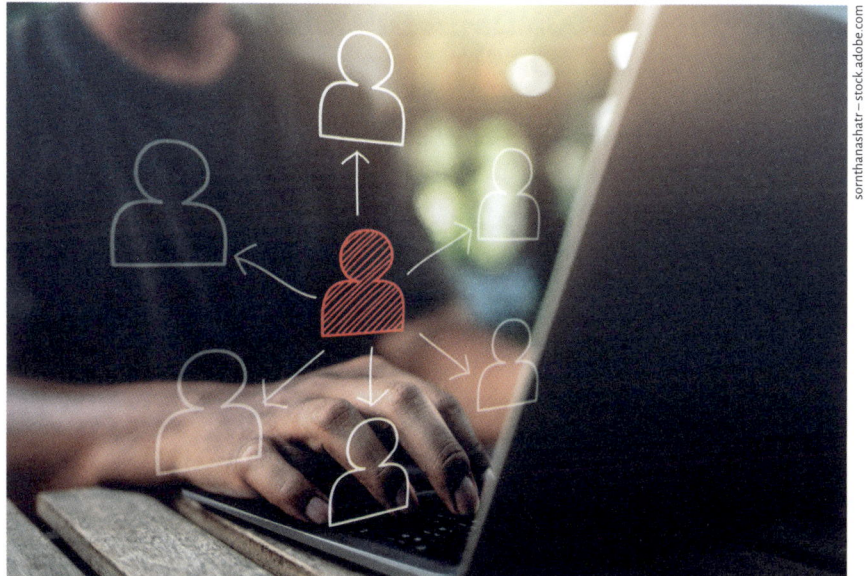

Em corporações descentralizadas qualquer pessoa pode tomador decisões importantes para a evolução da sociedade.

Existem corporações descentralizadas hoje? Sim!

A AlmaDAO é uma organização descentralizada em blockchain que pretende ser pioneira da nova internet e do universo de organizações horizontais, criptoativos, metaversos, NFTs e muito mais (Marques, 2022).

O Projeto EVE, uma das organizações autônomas descentralizadas baseadas em blockchain pioneiras do Brasil, tem planos ousados para as mulheres não ficarem fora da revolução tecnológica do momento (Salles, 2022).

Este é um assunto muito promissor; comunidades e corporações descentralizadas tiram do poder os grandes e ricos e transformam qualquer homem ou mulher em tomadores de decisões importantes para a evolução da sociedade.

COMO GIRA A ECONOMIA DE CORPORAÇÕES DESCENTRALIZADAS?

Por serem corporações descentralizadas, cada negócio escolhe o tipo de economia que quer seguir, seja token, dinheiro, moeda do país ou NFTs. Para todos os fins, o que vale é a transparência e a organização interna baseada em blockchain. Corporações descentralizadas são promissoras e muito importantes para o desenvolvimento econômico futuro. Imagine que a sociedade terá à disposição todas as informações sobre determinada empresa: projeção de ganhos, faturamento, nome dos envolvidos, contas pagas e atrasadas, etc.

Qual seria o motivo para o surgimento desse tipo de negócio na Web 3.0? A sociedade está cansada de empresas que visam apenas ao lucro, sem contribuir para a humanidade no geral. São poucas as empresas que determinam parte do seu faturamento para obras sociais e para ajudar a região do seu entorno, que fazem parte de organizações ou mesmo que ajudam seu fornecedor.

Para se tornar uma DAO, basta ser uma organização baseada em blockchain, código aberto e seguir protocolos de descentralização.

Com esse tipo de transparência, a DAO poderá decidir aplicar o seu rendimento financeiro em serviços e ações que possam fazer diferença às pessoas de um modo geral.

Estamos caminhando em direção a um modelo de sociedade mais humanitário, inclusivo e independente, transformando pessoas reais em formadores de opinião, profissionais básicos em diretores natos, dentre tantos outros exemplos importantes para o futuro.

CAPÍTULO 3

Hábitos de consumo na internet

Você já teve a curiosidade de saber qual foi o primeiro produto comprado pela internet? Uma peça de roupa? Um utensílio doméstico? Pois bem, foi um CD!

Em 1994 aconteceu um marco histórico da internet: a primeira compra on-line. Um consumidor norte-americano comprou um CD do cantor Sting em 11 de agosto de 1994 por US$ 12,48 mais o custo do frete e ali teve início a era do consumo digital (Época Negócios, 2015). Antes disso não se imaginava a possibilidade de fazer uma compra sem sair de casa. Para planejar uma viagem com a família, por exemplo, era preciso ir até uma agência de viagens e ficar horas conversando com um agente, montar o roteiro, comprar as passagens, reservar hotel e tickets de parques, etc. Para ter mais orçamentos, era necessário se locomover até outras agências de viagens, passar pelo mesmo processo e só então decidir qual agência fez o melhor atendimento, ofereceu a melhor viagem e qual dos orçamentos era o mais interessante para o seu bolso.

Outro exemplo: antes de 1994, se você precisasse de ajuda financeira, era necessário ir até uma agência bancária, retirar uma senha, aguardar em uma fila para conversar com o gerente, que oferecia o melhor produto para aquele momento. Todo esse processo custaria algumas horas do seu dia.

Eu sei que você gosta de exemplos, então aqui vai mais um: imagine que você tivesse um evento importante para ir. Você precisaria ir até uma loja física, experimentar diversos trajes, e se não gostasse de nenhum, procurar outra loja, experimentar vários outros modelos até chegar à conclusão que vermelho nunca foi sua cor favorita!

Esses exemplos mostram como consumíamos produtos e serviços em uma época que não contava com a tecnologia como temos hoje. Eram tempos de relações mais próximas, em que a espera e as filas eram comuns; não se imaginava os rumos que a internet tomaria e como todos esses processos seriam simplificados e se tornariam muito mais ágeis.

A EXPERIÊNCIA DE COMPRAS NAS TELAS

Como seria possível comprar um objeto para ser entregue em sua casa? Como escolher um sapato on-line sem antes calçá-lo? Nos primórdios do comércio eletrônico, a experiência da compra on-line era substancialmente restrita e muitos desafios foram encontrados. Consumidores tinham catálogos virtuais como principal ferramenta para explorar os produtos disponíveis e, além disso, a variedade de tamanhos, cores e formatos também era reduzida. Realizar pagamentos on-line era uma preocupação legítima, uma vez que a segurança na inserção dos dados do cartão de crédito no site do vendedor ainda não estava bem estabelecida.

Se hoje em dia temos receio de inserir dados de pagamento em compras on-line, imagine os desafios enfrentados pelas empresas numa época em que não era possível garantir a segurança de dados dos clientes?

Quando surgiram as primeiras transações on-line, alguns requisitos eram essenciais para o bom funcionamento da nova ideia: boa conectividade, pagamento on-line seguro e entrega confiável. A ideia era simples: eu vendo, você compra e o produto chega perfeitamente na sua casa. No entanto, na década de 1990, quando a internet era discada, não existia atendimento ao consumidor de forma rápida e nem leis que garantissem que o consumidor estaria resguardado de qualquer problema, ou seja, não era possível garantir o sucesso da transação.

No Brasil, isso não impediu que empresas investissem nesse novo modelo de negócio. Foi em 1999-2000 que surgiram empresas como Submarino, Americanas.com, Mercado Livre, BuscaPé e NetShoes, que revolucionaram a forma de comprar produtos pela internet. A falta de infraestrutura e os problemas que surgiram em relação à segurança de dados eram alguns dos maiores desafios encontrados por essas empresas na época. Apesar disso, era tão promissor que o Brasil se tornou um dos principais mercados referência do comércio eletrônico na América Latina.

SURGEM AS REDES SOCIAIS E OS VÍDEOS UNBOXING

Quase cinco anos depois (2004-2005) surgem as redes sociais, o marketing digital e a banda larga, que transformaram o que era desafio em realidade. Já não se falava em outro assunto; conversar com pessoas de todos os lugares do mundo e poder comprar qualquer coisa pela internet virou uma necessidade. Com a internet um pouco mais rápida já era possível navegar em diversos sites para pesquisar preços e escolher livros, eletrônicos, eletrodomésticos, roupas, sapatos, acessórios, móveis, qualquer coisa, em questão de minutos.

Sentimos mais segurança em comprar um produto testado e aprovado por pessoas como nós.

Ainda em 2005, com o surgimento do YouTube, vídeos "unboxing", ou seja, vídeos de pessoas comuns divulgando sua experiência desembalando e testando os produtos recebidos, começaram a ficar famosos. Já era um pouco mais fácil confiar em determinada plataforma de vendas porque alguém já tinha se arriscado a comprar e deu certo.

A PANDEMIA E AS NECESSIDADES EMERGENCIAIS

No início de 2020, uma avalanche sem precedentes estava prestes a acontecer. A pandemia de covid-19 teve um impacto avassalador sobre empresas, indústrias e, acima de tudo, na vida das pessoas no Brasil e no mundo. O que começou com um mês de isolamento social se estendeu por dois meses, um ano e, surpreendentemente, um ano e meio. Uma doença forçou o mundo inteiro a uma pausa inesperada, levando as pessoas a reavaliarem e redefinirem suas formas de socialização e interação.

A pandemia não apenas impulsionou o hábito de compras on-line, que já era uma opção para compras rápidas, mas também incentivou o consumo desenfreado e a busca de atendimento imediato. Nesse cenário, aplicativos de entrega se adaptaram rapidamente, oferecendo tempos de resposta mais ágeis e ampliando as opções de produtos entregues.

A mudança radical dos hábitos de consumo durante a pandemia de covid-19 fez expandir e aperfeiçoar os serviços de entrega.

Diante dessa transformação no comportamento do consumidor, muitos estabelecimentos aderiram às entregas por meio de aplicativos, tornando acessíveis a conveniência e uma grande variedade de produtos. Além disso, essa mudança proporcionou uma oportunidade para que pequenos empreendedores se destacassem e se mantivessem competitivos em um ambiente de negócios cada vez mais digital. Nesse sentido, a pandemia acelerou não apenas a adoção de compras on-line, mas também a inovação de diversos outros tipos de serviços, alterando permanentemente a forma como consumimos e interagimos com o comércio.

A crise global também fez com que o consumidor passasse a se preocupar mais com a exposição de seus dados, com ênfase maior na proteção de informações pessoais em meio a um aumento nas atividades on-line, e a buscar formas mais seguras e convenientes de adquirir produtos e serviços. Essa mudança teve grandes impactos em áreas como entretenimento, educação e até saúde.

Na fase pós-pandêmica, percebeu-se a ocorrência de uma mudança radical nos hábitos de consumo na internet na medida em que os consumidores passaram a buscar experiências mais seguras, convenientes e personalizadas on-line.

CAPÍTULO 4

Blockchain: a transparência como jamais vista

Figura 4.1 – Representação da estrutura da blockchain

A estrutura da blockchain é baseada em blocos de dados encadeados em ordem cronológica e impossível de ser alterada.

Dados super utilizados, redes desprotegidas, fatos e notícias à disposição em diversas fontes, mas sem comprovação de autenticidade. Acontecimentos como esses nos fazem perguntar "onde estou pisando de verdade?". À medida que o acesso às informações fica cada vez mais fácil e o ser humano segue evoluindo, a tecnologia vem fazendo parte desse processo.

Neste capítulo, vamos entender o que é a blockchain, para que ela serve e como ela pode auxiliar na transparência e na segurança da internet como um todo. Examinaremos como essa tecnologia está remodelando o marketing e o comércio ao tornar rastreáveis as cadeias de suprimentos, garantindo autenticidade e melhorando a segurança de transações, processos e documentos.

Foi em 2008 que a utilização da blockchain se popularizou, quando transações financeiras em criptomoedas como a bitcoin começaram a acontecer. Naquele período, os compradores precisavam de comprovações da compra, ainda era tudo muito novo e só a blockchain poderia permitir que usuários de qualquer lugar do mundo comprassem criptomoedas de intermediários, garantindo a integridade e segurança das informações.

A blockchain é uma tecnologia que usa as informações de uma rede de computadores para validar transações e utiliza de criptografia para protegê-las. Sua estrutura é baseada em blocos de dados encadeados em ordem cronológica e impossível de ser alterada; é como um livro-razão público, seguro e transparente. É utilizada em aplicações como:

- contratos inteligentes;
- votação (eletrônica ou virtual);
- armazenamento de identidade;
- transações financeiras;
- registros de propriedades (como compra e venda de imóveis);
- registro de marcas, etc.

DESMISTIFICANDO A BLOCKCHAIN

O objetivo deste livro é explicar os conceitos da Web 3.0 de forma simples, para que você possa se aventurar cada vez mais nessa jornada do futuro da internet.

Figura 4.2 – Desmitificando a blockchain

A blockchain não é tão complicada como parece, você já deve ter utilizado essa tecnologia sem nem ter percebido, mas nos próximos anos, certamente esse fato estará mais evidente no seu dia a dia.

Vamos imaginar que uma empresa precisa rastrear a autenticidade de um produto. Ela possui mão de obra especializada para fabricar esse item, passa por todo um processo burocrático para emitir certificados e autorizações do uso. Quando tudo está pronto, o produto é embalado e colocado na rota de logística para entrega ao consumidor final. Digamos que uma empresa mal-intencionada copie cada detalhe desse produto e, sem se preocupar com certificações e autorizações de uso, coloque esse produto falsificado à venda no mercado livremente, sem validação. Como o consumidor poderá confirmar a autenticidade do produto? Com a blockchain.

A blockchain é capaz de rastrear produtos em sua cadeia de suprimentos. Seu registro será marcado a cada passo, por exemplo: entrada na produção, aprovação do setor, fabricação, embalagem e logística. Caso o consumidor tenha dúvidas sobre determinado lote, poderá consultar na internet todo o processo pelo qual passou o produto até chegar à sua casa. É um processo transparente do início ao fim, pois até mesmo os valores de impostos e insumos poderão constar nesse registro. A composição de preço daquele produto fica disponível para o fabricante, o distribuidor e o vendedor, o que, além de trazer veracidade às informações, promove menos concorrência desleal e dá ao cliente o poder de escolher o estabelecimento onde comprar.

CONTRATOS INTELIGENTES E COMPRAS MAIS SEGURAS

No caso dos contratos inteligentes, a compra de um imóvel poderá ser ainda mais facilitada com a ajuda da blockchain. Para adquirir um imóvel, uma imobiliária precisa de um advogado que fará parte de todo o processo jurídico, que vai desde a assinatura do contrato de compra e venda até a entrega das chaves ao comprador.

Figura 4.3 – Contratos inteligentes

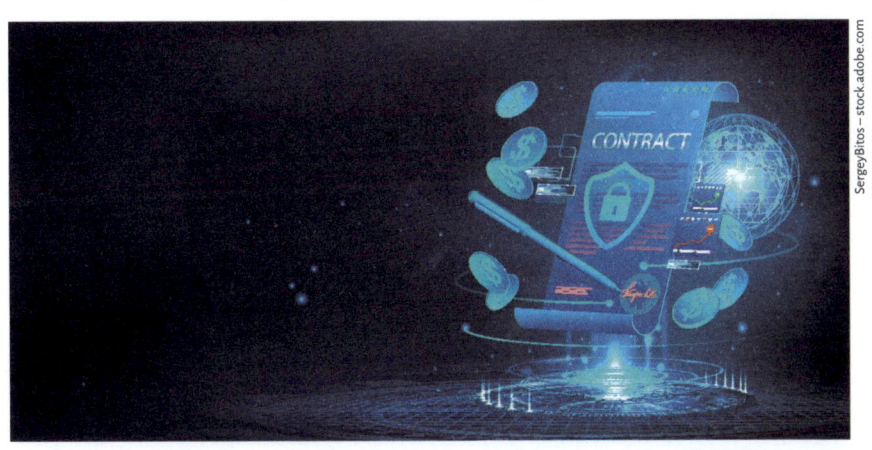

Usar contratos inteligentes na compras de imóveis, automóveis ou qualquer bem de consumo automatiza processos que não sejam feitos por máquinas, acelera a conclusão de transações e reduz o risco de erros ou fraudes.

Com a blockchain, o contrato será validado por meio da tecnologia que buscará as informações do vendedor e do comprador em uma espécie de cartório virtual, reunirá as informações da compra de forma automatizada e criará o contrato inteligente. No contrato inteligente, os termos e condições da compra do imóvel são codificados. Isso inclui detalhes como o preço de compra, as condições de pagamento, a data de transferência de propriedade e quaisquer contingências. Além disso, o contrato inteligente também pode verificar automaticamente a conformidade dos dados e das condições acordadas entre as partes e se, por exemplo, o comprador possui financiamento pré-aprovado, antes de prosseguir ou consultar o Serasa (no Brasil) a fim de verificar se há alguma restrição de compra.

Usar contratos inteligentes na compras de imóveis, automóveis ou qualquer bem de consumo automatiza processos que não sejam feitos por máquinas, acelera a conclusão de transações e reduz o risco de erros ou fraudes.

DICA

Para aprender a utilizar contratos inteligentes na blockchain você pode considerar algumas das seguintes ferramentas:

- **Solidity:** é a linguagem de programação principal para escrever contratos inteligentes na blockchain Ethereum.
- **Web3.js:** é uma biblioteca JavaScript que permite aos desenvolvedores interagirem com a blockchain Ethereum de forma fácil.
- **Ganache:** é uma ferramenta de simulação de blockchain que permite aos desenvolvedores testarem contratos inteligentes sem precisarem de uma rede real de blockchain.

O FUTURO DO MARKETING NA WEB 3.0

E o marketing com o uso da blockchain? Como utilizaremos a blockchain no dia a dia sem que precisemos ser especialistas no assunto?

Como já vimos, termos como transparência, autenticidade e privacidade são características da blockchain, mas também fazem parte do vocabulário das estratégias de marketing (do passado, presente e, principalmente, do futuro). Como a blockchain permitirá que o marketing seja mais bem explorado no futuro?

Figura 4.4 – Blockchain e estratégias de marketing

Transparência, autenticidade e privacidade são características comuns da blockchain e das estratégias de marketing. Não é difícil perceber a importância de trabalharem juntas.

Um dos maiores desafios encontrados no marketing digital é a comprovação de dados de acesso, impressões, alcance, cliques e ROI (retorno sobre investimento). A blockchain permite a transparência desses dados, desde a compra do anúncio por parte do anunciante até a entrega e exibição, evitando fraudes, cliques falsos, números que não existem e, dessa forma, transforma a publicidade em um meio mais confiável.

Outro canal muito importante em que a blockchain pode ser aplicada é a proteção de direitos autorais, principalmente em materiais utilizados na internet. Com o avanço da inteligência artificial, autores de imagens, fotos, vídeos e áudios terão que se resguardar cada vez mais quanto a propriedade de seus documentos, e a blockchain será a responsável por garantir essa segurança. Por meio dos blocos de dados interligados, uma imagem trará consigo informações desde o seu desenvolvimento até a última publicação ou o último compartilhamento.

Em meio a tantos outros exemplos, a blockchain auxiliará também na inteligência de mercado, em pesquisas de satisfação, na coleta de dados sobre o uso de produtos e em registros importantes sobre consumo e geração de receitas por meio do marketing.

CAPÍTULO 5

NFTs: a arte de valor intangível

Das artes e quadros físicos ao universo de possibilidades que os tokens não fungíveis (NFTs) trazem para o futuro com um valor inestimável, os ativos digitais chamados de NFTs estão revolucionando a forma como o usuário explora a sua experiência de compra e participa de comunidades de marcas e influenciadores que admira. Neste capítulo, exploraremos o fenômeno dos NFTs, seu impacto no mundo da criação artística e como eles estão redefinindo a propriedade digital.

NFTs (non fungible tokens) são tokens não fungíveis únicos e usados para representar ativos digitais exclusivos e raros, como:

- ingressos para eventos;
- obras de arte;
- cenas de filmes;
- música;
- jogos, etc.

O usuário pode comprar e vender de forma segura e transparente os seus NFTs por meio da blockchain e, por ser exclusivo, o comprador tem acesso único, benefícios e vantagens sobre aquele item. A principal função dos NFTs é permitir que marcas, artistas, criadores de conteúdo e pessoas comuns vendam suas obras na internet e forneçam acesso vip a uma comunidade engajada.

Na educação, os NFTs podem ser certificados e diplomas. Na economia e no governo, os NFTs podem ser contratos, acordos e documentos oficiais. Na área jurídica, os NFTs não precisam de assinaturas digitais, basta um ID e a blockchain. No entretenimento, qualquer criador pode autenticar sua obra, seu jogo, sua música ou seu texto. Na medicina, o NFT pode ser uma receita médica controlada, um raio-x, um registro médico com histórico de anos.

São tantas as possibilidades desse mundo cheio de arestas que os NFTs realmente podem revolucionar a forma como utilizamos documentos. Se já passamos pela era dos papéis e hoje a venda de impressoras é pequena, como serão as máquinas e computadores do futuro? Qual a capacidade ideal para gerenciar todos esses registros digitais?

A PRIMEIRA VENDA DE NFT NO MUNDO

Não se sabe ao certo qual foi a primeira venda de NFT no mundo, mas, em novembro de 2017, a empresa Animoca Brands criou o CryptoKitties, primeiro jogo em NFT, on-line e que permite aos jogadores comprar e vender diversos tipos de gatos virtuais. O jogo possui uma criptomoeda que movimenta a sua economia chamada Ether e é baseado em blockchain. O jogo movimentou mais de 1 milhão de dólares na sua semana de lançamento e está disponível até hoje.

Figura 5.1 – Cryptokitties, primeiro jogo em NFT

Os CryptoKitties são NFTs na forma de gatinhos digitais com características exclusivas que movimentam grandes somas de dinheiro pelo mundo.

A maior coleção de NFTs do mundo, chamada Bored Ape Yacht Club, não apenas vende ativos digitais, mas gera experiência, exclusividade e status ao usuário. Ao comprar um NFT da coleção, que pode ser equivalente a R$ 1 milhão, você tem direito a participar de eventos exclusivos com personalidades de todo o mundo, ganhar e trocar itens colecionáveis, receber notícias e novidades exclusivas para a comunidade e até viagens com os associados.

Figura 5.2 – Bored Ape Yatch Club, a mais famosa coleção de NFTs do mundo

Cada macaco entendiado é criado a partir de características variadas, como a expressão do rosto, as roupas e os acessórios, e proporciona a quem o adquire status, experiência e exclusividade.

Em 2022, os jogos "play to earn" ganharam popularidade ao redor do mundo por remunerar usuários enquanto jogam. A regra desses jogos é simples: você cumpre as fases do jogo e recebe criptomoedas ou NFTs dentro do jogo, que podem ser usados para comprar outros ativos dentro do marketplace ou trocar com amigos que também joguem. Um dos jogos mais populares naquele ano, o Axie Infinity teve sua coleção de NFTs no ranking dos ativos mais pesquisados do mundo. Foram mais de 3,86 milhões de pesquisas mensais, mais de 2 milhões de usuários simultâneos e mais de US$ 600 milhões em movimentações desde o seu lançamento em 2018 (Silva, 2022).

São diversas as possibilidades que os NFTs podem trazer: ganhos sem fim, ideias mirabolantes que são o sonho de qualquer usuário. Diversos também são os desafios da corrida mediante a regulamentação da utilização de tantos novos registros dentro da internet. A Web 3.0 continua a se desenvolver, estamos passo a passo gerando uma nova revolução digital.

A FUSÃO DA CRIATIVIDADE COM A TECNOLOGIA

Não se trata de uma obra tradicional como o quadro *Monalisa* de Leonardo Da Vinci. Quem adquire um NFT quer fazer parte de um grupo e ser conhecido pelo movimento e pelo propósito que aquele ativo digital pode trazer.

O artista passou a ser reconhecido ainda mais por suas obras e pode unir a criatividade e a tecnologia a seu favor. Suas obras agora podem ter variações com alguns cliques e muita imaginação. Uma única obra digital pode ter diversas cores e formas autênticas e exclusivas.

Além disso, ficou mais fácil de fazer exposições. Você pode criar uma exposição virtual para seus fãs apenas com um site e um acesso. A arte passou a se popularizar pela facilidade e ganham notoriedade artistas que buscam explorar sua comunidade de forma positiva, gerando conexão e inovação.

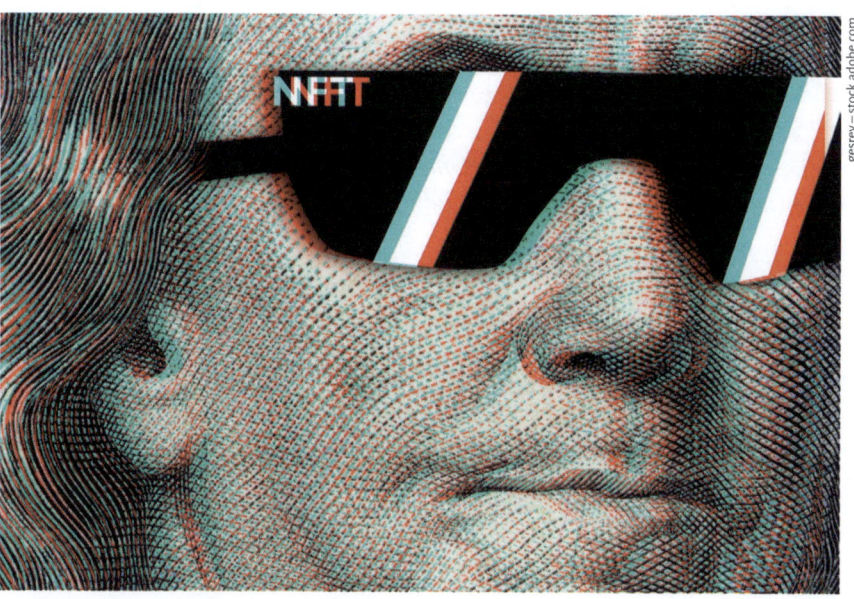

Figura 5.3 – Arte e tecnologia

Os NFTs chegaram até o campo das artes, em que artistas unem criatividade à tecnologia para criar, vender e expor suas obras.

E o futuro dos NFTs?

A busca de autenticidade na indústria da arte passou por diversos desafios até chegar à Web 3.0, em que é possível explorar a criatividade e criar expressões de arte além das tradicionais. Além disso, a Web 3.0 torna a arte inclusiva, uma vez que não é mais necessário deslocar-se até museus, basta acessar a internet.

Não se sabe ao certo qual será o futuro dos ativos digitais. Temos pouco tempo de utilização, mas já com grande aceitação. A reflexão que fica é: até quando as pessoas aceitarão pagar caro por uma imagem de internet que pode trazer benefícios a longo prazo?

SUGESTÕES PARA SE APROFUNDAR

Para pensar sobre a questão, leia o artigo de Maria Gracia Santillana Linares "Arte digital sem dinheiro: o fim da remuneração de criadores de NFTs", publicado no site da Revista Forbes. Disponível em: https://forbes.com.br/forbes-money/2023/09/arte-digital-sem-dinheiro-o-fim-da-remuneracao-de-criadores-de-nfts/. Acesso em: 14 nov. 2023.

A Web 3.0 é capaz de criar milionários em poucas horas, além de tirar pessoas do anonimato. Por isso a importância de se criar algo sólido e permanente.

Muito se especula sobre a garantia de se ter um ativo digital como um NFT. Qual a validade desse ativo e quais as possibilidades de uso? É claro que muitos projetos sérios ganharam notoriedade, mas fica a dúvida sobre o seu futuro.

CAPÍTULO 6

Criptomoedas e o futuro do dinheiro

A democratização e a descentralização da Web 3.0 têm grande papel no futuro da economia em todo o mundo. Neste capítulo, vamos explorar as vantagens e os benefícios das criptomoedas para a evolução do dinheiro e como elas estão remodelando o cenário econômico.

No decorrer da história da humanidade, os meios de troca, compra e venda de bens e serviços passou por grandes transformações até chegar aos dias atuais. Há alguns anos não se pensava em utilizar um cartão de crédito para efetuar uma compra on-line, muito menos fazer um pix e transferir dinheiro entre contas em poucos segundos.

Tudo começou no sistema de troca ou escambo, em que as pessoas trocavam um objeto que possuíam por algo que necessitavam naquele momento. O desafio era encontrar quem pudesse ter aquilo que você precisava e que se interessasse pelo que você tinha a oferecer. Depois de entender as limitações e confusões diante do escambo, passamos a usar mercadorias como dinheiro: sal, grãos, metais, gado, ouro e prata. Cada item com um valor específico poderia ser trocado por outro produto de valor equivalente. Descobrindo o poder do ouro e da prata, chegamos às moedas, que podiam ser carregadas em bolsas e trocadas novamente por algum produto em mercados ou lojas.

É longo o caminho da evolução do dinheiro, desde o escambo de mercadorias até o dinheiro eletrônico, e carteiras físicas se tornam cada vez mais obsoletas.

Surgiram as cédulas bancárias, trazendo ainda mais independência ao consumidor. O trabalho passa a ter seu valor em dinheiro, surge a folha de pagamento, pela qual o trabalhador recebe para comprar o que bem entender. Bancos surgem para burocratizar processos e dar mais segurança às pessoas e empresas.

Finalmente chegamos ao dinheiro eletrônico, às transferências em questão de minutos, aos sistemas de pagamento cada vez mais fáceis, à utilização do aplicativo do banco, aos cartões virtuais com opções rápidas de bloqueio, ao pagamento via QR code que realiza compras em sites em segundos.

O MUNDO DIGITAL E DESCENTRALIZADO

Temos a oportunidade de escrever mais um capítulo dessa história da economia. O dinheiro evoluiu, o consumo e as necessidades pessoais aumentaram e ganharam novos nomes. Os mais jovens não querem carregar uma carteira física com dinheiro ou cartões, preferem utilizar QR codes para concluir compras rapidamente.

Hoje podemos fazer pagamentos simplesmente apontando o celular para um QR code. É a evolução da moeda acompanhando a evolução da sociedade e da tecnologia.

Cada vez mais a nova geração entende que o consumo pode ser virtual. Ir ao mercado ou a uma loja de departamentos já não faz mais sentido se os provadores virtuais estão à disposição.

É essa geração que vai ditar o futuro descentralizado da economia. As criptomoedas fazem parte da vida da maioria dos novos consumidores. Cabe aos bancos centrais explorarem as vantagens dessa utilização e criarem funcionalidades benéficas para toda a sociedade.

O dinheiro evoluiu de um sistema de troca baseado em bens e mercadorias para um sistema de moedas metálicas, notas bancárias, cartões de crédito e, finalmente, moedas digitais e criptomoedas. A história do dinheiro é uma narrativa de inovação financeira e tecnológica em que a moeda evolui para atender às necessidades de uma sociedade em constante mudança.

COMO UTILIZAR AS CRIPTOMOEDAS NO DIA A DIA?

Pode parecer tudo muito novo para você hoje, mas as criptomoedas são utilizadas desde a criação da bitcoin em 2009 e foram sendo reinventadas conforme o passar dos anos. Hoje as criptomoedas estão em lojas on-line, investimentos, contratos inteligentes, jogos, financiamentos e muitos outros lugares.

Comprar uma criptomoeda funciona como a compra de uma moeda qualquer: você vai a um banco ou casa de câmbio (nesse caso, chamado exchange) e adquire o valor pretendido. O pagamento será feito na sua moeda nativa (real, dólar, euro, etc). Ao comprar, deverá armazenar suas criptomoedas em uma carteira digital segura e protegida, as "wallets". Com o endereço da carteira, a casa de câmbio fará a transferência de suas criptomoedas. Pronto!

Figura 6.1 – Interface da Metamask

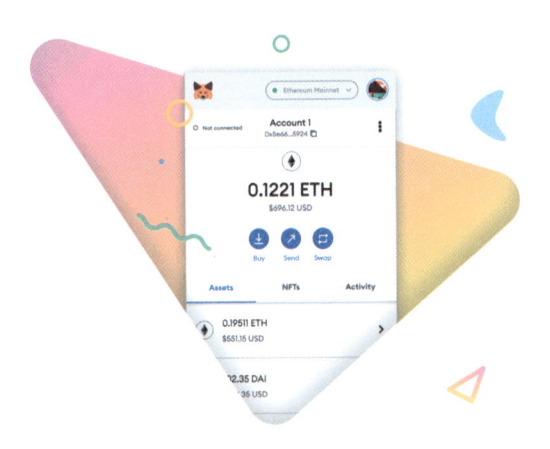

Reprodução/etamask.io

A Metamask é uma carteira de criptomoedas que interage com aplicativos descentralizados baseados na blockchain Ethereum.

Para comprar objetos ou qualquer produto com criptomoedas, primeiro é necessário encontrar lojas on-line que aceitem esse tipo de pagamento. Por exemplo, o site Travala (https://www.travala.com/) oferece um serviço de busca de hotéis e hospedagens em todo o mundo e você pode fazer a sua reserva com criptomoedas; basta conectar sua carteira ao site e realizar o pagamento.

FIQUE DE OLHO

Você sabia que se for visitar El Salvador poderá realizar o pagamento de produtos e serviços utilizando bitcoin? O país adotou a moeda como meio de pagamento de curso legal, o que resultou em uma economia mais ativa e promissora, sem precisar substituir a moeda oficial, o dólar norte-americano.

OS DESAFIOS DA REGULAMENTAÇÃO DAS CRIPTOMOEDAS

Como tudo na vida, a chegada das criptomoedas na sociedade teve seus prós e contras. Com esse novo tipo de transação bancária surgiram problemas que trouxeram à tona preocupações sobre ética e regulamentação, importantes para classificar o uso seguro desses ativos.

Notícias sobre lavagem de dinheiro, evasão fiscal e problemas de privacidade e volatilidade da criptomoeda têm sido comuns em portais e canais de comunicação e na mídia. Isso porque assim como no passado não se sabia ao certo como regulamentar a impressão de moedas pelo Banco Central, hoje a discussão é sobre como proteger o patrimônio virtual de quem pretende utilizar as criptomoedas como meio de pagamento e em transações comerciais.

Figura 6.2 – Regulamentação da blockchain

A entrada de um novo tipo de transação financeira traz melhorias mas também contras. É necessária constante atualização a fim de garantir a segurança e evitar fraudes.

Governos de todo o mundo buscam a implementação de regras de conformidade e relatórios financeiros rigorosos para utilização das criptomoedas. Por exemplo, antes não se falava em pagamento de impostos para utilização de criptomoedas, hoje, a fim de combater fraudes, alguns governos aprovam a declaração de ativos para fins fiscais.

Além disso, muitos investidores iniciantes podem perder dinheiro por falta de experiência e, a fim de evitar que isso aconteça, os órgãos responsáveis devem avançar com o incentivo à educação financeira, incluindo não só a informação sobre planejamento financeiro como também auxiliar na utilização de criptomoedas no dia a dia.

A aplicação de leis para impedir o comércio ilegal de drogas e armas, por exemplo, também reflete um dos problemas regulatórios que temos diante da exploração das criptomoedas. As moedas virtuais têm potencial para trazer benefícios significativos, mas é importante usá-las de forma responsável e ética.

O PRÓXIMO CAPÍTULO DA REVOLUÇÃO DIGITAL

Se antes utilizar cartões e códigos para pagamentos era inimaginável, cabe a nós, a partir de agora, dar continuidade à evolução do dinheiro virtual. As criptomoedas representam o próximo capítulo da revolução digital, trazendo consigo inovações e desafios com o potencial de remodelar significativamente a maneira como interagimos com o dinheiro, a tecnologia e a sociedade como um todo.

A partir de um sistema financeiro descentralizado, as criptomoedas permitem controlar seu dinheiro sem depender de intermediários como bancos. Esse avanço promove a inclusão financeira, permitindo que aqueles que não têm acesso a serviços bancários tradicionais participem plenamente da economia global.

Veremos transformações importantes em setores como o jurídico, o imobiliário e muitos outros. As criptomoedas são parte da transição para a Web 3.0, uma internet descentralizada e orientada pela segurança e privacidade. Nesta nova fase da internet, os usuários terão maior controle sobre seus dados e interações on-line e poderão ser grandes transformadores da comunidade.

As criptomoedas são muito mais do que um novo ativo financeiro, estamos apenas começando a entender o impacto transformador que elas terão em nossa sociedade.

CAPÍTULO 7

Metaverso, plataformas de realidade virtual e seus desafios

Depois de entender todas as fases da Web 3.0 e como seremos impactados por diversas transformações digitais, vamos falar sobre um tema importante e complementar dessa nova era: o metaverso.

Para você, o que é metaverso? Experimente fazer essa pergunta a alguém próximo. Será que a sua resposta será igual a do seu amigo ou familiar?

Figura 7.1 – Metaverso

Você pode utilizar um headset VR para ter uma experiência imersiva no metaverso.

O metaverso é uma representação virtual de um mundo real ou imaginário que pode ser explorado e interagido por vários usuários. Baseado em tecnologias como realidade virtual e aumentada, pode ser acessado por meio de dispositivos como headsets VR, computadores ou dispositivos móveis.

O metaverso pode ser utilizado para vários fins:

- jogos e entretenimento;
- treinamentos e reuniões corporativas;
- eventos e festivais, etc.

Basicamente, o metaverso é a sua representação real no mundo digital. É como se você tivesse duas personalidades: uma para o mundo físico e outra para o mundo virtual. No metaverso não há cor, gênero, sexo, raça ou qualquer característica que diferencie grupos no mundo físico.

Para as gerações mais jovens o metaverso já é bastante comum e pode ser acessado de forma clara e sem dificuldades.

COMO ACESSAR O METAVERSO?

Primeiro pense em como deseja ser chamado no metaverso. Crie um avatar, pense em suas características que não podem ser esquecidas nesse "nosso mundo". Agora escolha uma plataforma, que pode ser de jogo, de socialização (como uma rede social), ou um ambiente corporativo.

Com um computador, celular ou dispositivo VR (óculos de realidade virtual) é possível acessar o metaverso por meio de uma das várias plataformas com objetivos diversos que estão à disposição. Basta escolher uma delas, criar uma conta, um avatar e explorar. São várias as vantagens do metaverso:

- Socializar com pessoas de diversos locais do mundo.
- Viver a experiência da realidade virtual construindo locais e avatares da forma como desejar.
- Negociar itens e produtos sem precisar de uma loja ou de estoques gigantes, etc.

Ao se relacionar com pessoas no metaverso você deve se lembrar de que quaisquer atitudes que causem mal a esses usuários podem ter efeitos jurídicos sobre você, assim como na vida real. O mundo virtual também possui leis, regras e grupos que controlam essas regras para que não haja inconformidade nos ambientes virtuais.

DICA

Aqui estão alguns exemplos de plataformas que você pode acessar para entender melhor o que é viver no metaverso:

- **Roblox:** uma plataforma de jogos em que você mesmo pode criar jogos e espaços para eventos ou comunidades para sua empresa. Disponível em: https://www.roblox.com/.

- **The SandBox:** uma plataforma web para socializar com pessoas de vários lugares do mundo. Disponível em: https://www.sandbox.game/en/.

- **Decentraland:** também uma plataforma web, possui eventos e espaços virtuais para conversar e relacionar-se com marcas e empresas. Disponível em: https://decentraland.org/.

- **Free Fire:** um jogo de ação-aventura do gênero battle royale que pode ser jogado em consoles ou no computador. Disponível em: https://ff.garena.com/en/.

- **GTA Cidade Alta:** um jogo que ganhou popularidade ao realizar ações com grandes marcas como McDonald's, Posto Ipiranga, Starbucks, entre outros. Disponível em: https://cidadealtarp.com/.

Com um par de óculos de realidade virtual você pode acessar espaços imersivos em plataformas como:

- **Spatial** (disponível em: https://spatial.io);

- **BigScreen** (disponível em: https://store.steampowered.com/app/457550/Bigscreen_Beta/);

- **Horizon Worlds** (disponível em: https://www.meta.com/experiences/2532035600194083/).

São diversas plataformas e possibilidades com finalidades que vão desde lazer até importantes reuniões de negócios, ou ainda ações de marketing para lembrança da marca.

A TECNOLOGIA A FAVOR DO MARKETING

O metaverso não é só uma experiência de lazer e diversão. Ele se torna uma estratégia de marketing para empresas de diversos segmentos. Ao entender que qualquer pessoa pode ter acesso a essas plataformas de realidade virtual, aumentada e outras, o marketing passa a ter papel importante e fundamental na construção de novas experiências para consumidores. Como vimos no capítulo 3, os hábitos de consumo mudaram, as necessidades pessoais de relacionamento se tornaram mais próximas e os desejos de consumo de produtos e serviços também modificaram o comportamento de mercado.

Figura 7.2 – Experiências imersivas

O metaverso oferece experiências imersivas, permitindo que as empresas levem os consumidores a ambientes virtuais para experimentar produtos e serviços de uma forma totalmente nova. Isso transcende o marketing tradicional e promove o engajamento dos consumidores de maneira mais profunda.

As marcas podem criar espaços virtuais para os consumidores participarem de eventos, aprenderem mais sobre as mercadorias e até colaborarem na criação de novos produtos. A personalização avançada permite que as empresas adaptem a experiência do usuário com base em suas preferências em tempo real. Isso não se limita apenas a recomendações de produtos, mas também à adaptação de todo o ambiente virtual.

Imagine anúncios integrados organicamente ao ambiente virtual, em que os usuários podem interagir com produtos anunciados. A tecnologia do metaverso também transcende barreiras geográficas, permitindo que as empresas alcancem um público global sem restrições de localização física.

Cabe ao profissional de marketing montar estratégias eficazes para atingir um público que quer ter experiências diferentes com sua marca favorita. É um grande desafio, assim como foi quando as redes sociais começaram a ser exploradas pelo marketing digital.

O DESAFIO: EXPERIÊNCIAS PARA TODAS AS IDADES

O metaverso pode parecer ser apenas um jogo, uma plataforma de entretenimento para jovens, ou uma ideia futurista de uma rede social imersiva que será utilizada por poucos. Transformar esse novo modelo em algo expansivo e que possa agregar valor a todas as idades é realmente desafiador. Na realidade, o metaverso é um espaço digital dinâmico e em constante evolução que oferece oportunidades sem precedentes para pessoas de todas as idades. Para enfrentar esse desafio, é fundamental criar experiências que sejam inclusivas e relevantes para diferentes públicos. Isso implica a criação de ambientes virtuais que atendam às necessidades e aos interesses de todas as gerações, desde assuntos como educação e interação social até entretenimento e negócios.

Educação e aprendizado são o primeiro passo para superar os desafios. Ambientes virtuais podem se tornar espaços de aprendizado interativos para que pessoas de diferentes gerações compartilhem conhecimentos e habilidades. Em um ambiente virtual, uma avó pode ensinar seu neto a cozinhar; um adolescente pode ajudar os mais velhos a explorarem novas tecnologias.

Figura 7.3 – Metaverso para todas as idades

Precisamos lembrar que o metaverso é um espaço digital que pode e deve ser aproveitado por pessoas de todas as idades.

A verdadeira promessa do metaverso está em sua capacidade de transcendência geracional, proporcionando oportunidades únicas de aprendizado, interação e diversão para pessoas de todas as idades. À medida que essa tecnologia continua a se desenvolver, o desafio é encontrar maneiras de torná-la acessível e atraente para um público diversificado, garantindo que todos possam explorar e se beneficiar desse emocionante mundo virtual. Esse desafio requer criatividade, inovação e uma visão aberta para o futuro, mas o potencial para a inclusão de todas as gerações no metaverso é verdadeiramente empolgante.

A chave para desenvolver essas experiências é reconhecer que a conexão humana é um elemento central do metaverso. A tecnologia pode encurtar distâncias físicas e criar oportunidades para interações significativas entre gerações. Conforme avançamos nessa jornada, é importante manter a visão de que o metaverso pode ser um espaço para pessoas de todas as idades se encontrarem, compartilharem experiências e criarem memórias, reforçando o valor que ele agrega a todas as gerações.

CAPÍTULO 8

Ferramentas de inteligência artificial

Passamos da carta escrita à mão para o WhatsApp; do rádio sintonizado na estação AM ao aplicativo de streaming; da TV de tubo para a inteligente de LED; da internet discada e lenta para o 5G supereficiente; e enfim chegamos à era da inteligência artificial, da evolução do ser humano em forma de máquina.

Muito se discute sobre os problemas (e suas devidas soluções) que a IA pode trazer ao longo do tempo; a facilidade em utilizar ferramentas simples de criação de textos, áudios, vídeos; a complexidade de solucionar problemas na medicina. São muitos os paradigmas, inclusive a pergunta que fizemos no começo deste livro: e o futuro de tudo isso?

Foram três ondas da inteligência artificial até chegarmos à atual. A primeira surgiu para solucionar problemas simples por meio de computação e lógica. Códigos simples respondiam perguntas do cotidiano como: "estou triste, como você pode me ajudar?". Para cada nova pergunta, uma resposta personalizada, e talvez divertida.

Já a segunda onda da inteligência artificial foi caracterizada pela captação de dados de interesses, rastreamento, consumo, movimentos repetitivos e comuns, análise de fotos e vídeos em galerias de celulares, capacidade de verificação de face e muito mais.

A revolução na IA realmente ganhou força nas últimas décadas, com o advento do deep learning e a capacidade de realizar tarefas complexas, como o reconhecimento de imagem e o processamento de linguagem natural: trata-se da terceira onda, esta que vivemos hoje. A IA desempenha um papel essencial em uma ampla gama de aplicações práticas e continua a evoluir rapidamente, alimentada por avanços em dados, algoritmos e hardware.

A IA tem a capacidade, por exemplo, de resolver tarefas do ser humano com dispositivos de IA on-line mixed off-line (OMO), ou seja, que não precisam estar conectados à internet. Um exemplo de OMO são as novas lojas inteligentes, como a Amazon GO. Esse tipo de loja entende (por meio de um mapa de calor) quais são os produtos mais vendidos, indica promoções e participa da experiência de compra como um assistente virtual para o consumidor.

A evolução da IA tem transformado a maneira como interagimos com a tecnologia, impulsionando inovações como assistentes virtuais, em carros autônomos e até no diagnóstico médico. À medida que avança essa interação, a busca de alcançar a verdadeira inteligência artificial – com as máquinas aprendendo e pensando como seres humanos – segue como um objetivo empolgante e desafiador. Com o crescimento contínuo de dados e aprimoramentos tecnológicos, a IA continuará a desempenhar um papel cada vez mais vital em áreas que vão desde a medicina até a educação, e deve moldar o futuro da sociedade e da tecnologia.

A INTELIGÊNCIA ARTIFICIAL NA WEB 3.0

A união entre todas as vertentes da Web 3.0 (blockchain, criptomoedas, realidade virtual e aumentada e tantas outras) faz com que a inteligência artificial ganhe grande peso nessa era. Essa integração muda a forma como interagimos e navegamos na internet e projeta o futuro para tornar a web mais inteligente e capaz de compreender nossas atividades em poucos segundos, direcionando para o caminho ideal e personalizado.

Compras on-line eram muitas vezes uma experiência impessoal, com pouca ou quase nenhuma personalização. Nessa nova fase junto à IA, as plataformas são capazes de aprender com o rastreamento de compras, a pesquisa de interesses e o preenchimento de perfis como cor preferida, altura, tamanho do calçado, etc. Como resultado, os consumidores agora podem descobrir produtos relevantes de maneira mais rápida e eficaz.

Essa integração transforma nossos hábitos de consumo de música e vídeos. Plataformas de streaming como Spotify, Amazon Prime e Netflix utilizam algoritmos de IA para recomendar conteúdo com base no histórico de visualização e preferências. Isso não apenas torna a descoberta de novos programas, músicas e filmes mais divertida e prática, mas também cria uma experiência de entretenimento mais envolvente e personalizada.

Figura 8.1 – Inteligência artificial na Web 3.0

A inteligência artificial na Web 3.0 é capaz de aprender com os nossos hábitos na internet e oferecer uma experiência muito mais personalizada.

Na comunicação, a IA na Web 3.0 muda a nossa maneira de interagir. Chatbots são cada vez mais usados em serviços de atendimento ao cliente, com respostas rápidas e eficazes a perguntas comuns. Se você tem dificuldades em entender outros idiomas, também pode utilizar a IA para traduzir textos em tempo real, o que facilita a comunicação global, permitindo que pessoas de diferentes partes do mundo se entendam de maneira mais eficiente.

Conforme a Web 3.0 e a inteligência artificial evoluem, nós continuamos testemunhando uma revolução na forma como experimentamos a internet e todas as suas facetas. A IA não apenas simplifica a interação digital, mas também aprimora nossa capacidade de acessar informações, fazer compras e de entretenimento, moldando um cenário em que a tecnologia está mais adaptada às nossas necessidades e preferências individuais.

FERRAMENTAS QUE SIMPLIFICAM A COMPLEXIDADE

Cada vez mais presente no nosso dia a dia, as ferramentas de IA facilitaram muito a forma como trabalhamos e estudamos. Um exemplo simples é o Google, que utiliza IA para aprimorar os resultados e proporcionar respostas mais relevantes às buscas. Antigamente, o buscador entregava apenas o básico: o site da empresa pesquisada, por exemplo. Hoje ele resume textos do site para direcionar melhor a resposta ou indica estabelecimentos próximos a sua localização.

Assistentes virtuais como Siri (Apple) ou Alexa (Amazon) utilizam IA para fornecer informações em tempo real e até mesmo para controlar dispositivos domésticos com comandos de voz. Além disso, carros inteligentes e dispositivos de automação integram os assistentes para abrir portas, encontrar o melhor caminho para o trabalho, indicar se o combustível está acabando e muito mais.

Aplicativos de edição de fotos com recursos de IA simplificam o aprimoramento de imagens, permitindo que qualquer pessoa crie fotos impressionantes com um simples toque na tela.

Figura 8.2 – Inteligência artificial e arte

Imagem gerada pela IA.

Na área da saúde, sistemas de diagnóstico médico baseados em IA auxiliam os médicos na interpretação de exames de imagem como ressonâncias magnéticas e tomografias computadorizadas, tornando o processo mais rápido e preciso.

Todos esses exemplos demonstram como a IA simplifica a complexidade e melhora a qualidade de vida, tornando-se uma aliada poderosa em nosso dia a dia.

CINCO TIPOS DE FERRAMENTAS DE IA QUE TODOS PODEM UTILIZAR

O objetivo da inteligência artificial é facilitar o dia a dia do ser humano, sem a intenção de substitui-lo. Empresas do mundo todo estão constantemente criando novos aplicativos e ferramentas no intuito de que se sejam acessíveis e se tornem populares.

DICA

Selecionamos cinco ferramentas para você começar a utilizar hoje mesmo:

- Você utiliza muito o WhatsApp e recebe áudios longos? O aplicativo Luzia transcreve e resume áudios para trazer mais agilidade ao seu dia a dia. Disponível em: https://www.luzia.com/br/. Acesso em: 22 nov. 2023.

- Precisa de ajuda para escrever textos, responder perguntas rápidas, traduzir textos complexos ou até montar um roteiro de viagem? O ChatGPT, desenvolvido pela OpenAI, pode ser uma ferramenta poderosa para você. Disponível em: https://chat.openai.com/. Acesso em: 22 nov. 2023.

- Já o Google Lens ajuda a reconhecer objetos, textos e até locais por meio da câmera do celular. Aponte a câmera para uma planta desconhecida, por exemplo, e o aplicativo dará diversas dicas de como cuidar dela, além de indicar sua espécie e muito mais. Disponível em: https://lens.google/intl/pt-BR/. Acesso em: 22 nov. 2023.

- É professor e precisa revisar textos com facilidade? O Grammarly ajuda a corrigir e melhorar a gramática e ortografia de forma prática. Basta escolher o idioma e inserir o texto. Disponível em: https://www.grammarly.com/. Acesso em: 22 nov. 2023.

- Gosta de publicar fotos com estilo e filtros inovadores? O aplicativo Prisma utiliza a IA para transformar fotos em verdadeiras obras de arte. Basta escolher uma foto da sua galeria e aplicar efeitos incríveis. Disponível em: https://prisma-ai.com/. Acesso em: 22 nov. 2023.

Vale lembrar que muitos aplicativos possuem versões gratuitas e pagas. Para cada upgrade, um valor é cobrado para que você possa utilizar os aplicativos atualizados e, claro, incentivar a empresa que desenvolveu a ferramenta.

Também é importante ressaltar que as ferramentas de IA estão em grande expansão, e cada vez mais pessoas comuns estão utilizando essas tecnologias em suas vidas. Seja na criação de conteúdo, na agilização e no aumento da eficiência em tarefas ou na personalização de experiências, a IA vem se tornando parte integrante de diversos setores e atividades. Conforme essas ferramentas continuem a se desenvolver e se tornem mais acessíveis, podemos esperar que elas desempenhem um papel ainda maior, transformando a maneira como trabalhamos, aprendemos, nos entretemos e nos relacionamos com o mundo ao nosso redor. Portanto, o conhecimento e a compreensão básica da IA estão se tornando habilidades valiosas e relevantes para qualquer pessoa que deseje acompanhar as mudanças tecnológicas em curso.

CAPÍTULO 9

Novas redes sociais: o usuário com poder de escolha

Neste capítulo final, examinaremos as novas abordagens das redes sociais na era da Web 3.0. Com ênfase na privacidade, no controle do usuário sobre os dados e na personalização, discutiremos como as plataformas sociais estão se reinventando para atender às demandas de uma sociedade digital mais consciente.

No início, o usuário tinha como propósito nas redes sociais: voltar a se relacionar com pessoas que não via há tempos ou encontrar novas amizades ou novos relacionamentos. Com o tempo, as necessidades foram aumentando: exibir suas atividades recentes; sentir-se próximo de celebridades e artistas preferidos; encontrar o melhor ângulo para fotos e vídeos; participar de eventos na web em que sua comunidade também está engajada; verificar as trends da semana e alcançar os maiores números de visualizações possíveis. O que começou como uma maneira de manter contato com amigos e compartilhar atualizações da vida cotidiana evoluiu para uma busca incessante de relevância e visibilidade. Mas até onde isso vai? Como são utilizados todos esses dados que são compartilhados todos os dias, há anos, e quais os riscos da má administração disso tudo para o futuro?

Os desafios da privacidade do usuário nas redes sociais são significativos e evoluíram à medida que essas plataformas foram se tornando parte essencial da vida cotidiana.

Figura 9.1 – Novas redes sociais

De uma maneira de reencontrar e manter contato com amigos para uma busca incessante de "likes" e relevância, a dúvida agora é: quais são os próximos passos das redes sociais?

O QUE AS NOVAS REDES SOCIAIS DA WEB 3.0 VÃO RESOLVER?

Na Web 2.0, com a quantidade exacerbada de informações pessoais compartilhadas nas redes sociais, algoritmos e tecnologias de rastreamento foram ganhando cada vez mais força. Problemas surgem a partir do momento que dados pessoais são comercializados entre empresas ou quando senhas são hackeadas.

Mais uma vez, o processo de evolução de uma nova ferramenta ou tecnologia depende de regulamentações sérias impostas à sociedade de maneira que as plataformas passam a ser responsáveis por todos os danos que venham a ser causados a esses usuários e clientes.

A Web 2.0 é centralizada e as redes sociais possuem termos de uso e privacidade. No entanto, quem os lê antes se cadastrar e inserir os dados pessoais? Você sabia que a maioria dos conteúdos que você compartilha no Facebook ou no Instagram não possui regras de direitos de propriedade intelectual? Ao não concordar com esses termos e políticas você não pode utilizar a plataforma, ou seja, é uma guerra entre a empresa dona da rede social e o usuário que, ao aceitar o termo, fica exposto e torna-se vulnerável a possíveis ataques cibernéticos.

Na Web 3.0, as redes sociais estão se adaptando para atender às crescentes demandas por privacidade, segurança e personalização. Uma das mudanças mais marcantes é a ênfase na propriedade e no controle dos dados pessoais. Os usuários agora têm a capacidade de decidir quais informações desejam compartilhar e com quem. Eles não são mais simples fornecedores de dados, mas sim proprietários de suas informações, escolhendo como esses dados são usados e com quem são compartilhados.

Além disso, a Web 3.0 visa abordar questões relacionadas à clareza e confiança, buscando tornar os algoritmos mais transparentes e entender como o conteúdo é filtrado. A descentralização e a interoperabilidade são princípios-chave, permitindo que os usuários evitem a censura e compartilhem conteúdo entre diferentes plataformas de maneira mais fluida. A governança descentralizada, a inclusão financeira e a sustentabilidade ambiental também são prioridades nas redes sociais da Web 3.0, que buscam promover modelos mais justos e responsáveis para os usuários e criadores de conteúdo.

A descentralização também ganha força nas redes sociais da Web 3.0. Isso significa que o controle e a governança não estão mais centralizados em uma única entidade, mas distribuídos entre os próprios usuários. Plataformas baseadas em blockchain estão permitindo que os usuários tomem decisões coletivas sobre as regras e políticas da rede, garantindo que o poder não esteja concentrado nas mãos de poucos.

QUAIS SÃO AS REDES SOCIAIS DA WEB 3.0?

Em 2022, Elon Musk movimentou o mercado quando realizou a compra do Twitter, e esse movimento fez donos de redes sociais se adaptarem a um novo debate para a sociedade: a democratização dos dados e a liberdade de expressão. Essa aquisição, acompanhada de preocupações contínuas sobre notícias falsas, direitos autorais e censura, lançou luz sobre a importância do equilíbrio entre a proteção do indivíduo e a liberdade na internet.

A Web 3.0 busca abordar essas questões de maneira proativa com ênfase na descentralização, que pode permitir uma voz mais igualitária para os usuários. Isso significa que as redes sociais podem se mover em direção a modelos nos quais as decisões sobre conteúdo, moderação e políticas são tomadas de forma mais transparente e coletiva por usuários comuns.

Já existem grandes promessas de redes sociais descentralizadas que pretendem mudar a forma de interagir com conteúdos. Essas redes utilizam a tecnologia blockchain para evitar fraudes e o vazamento de dados, além de remunerar usuários por seu tempo.

DICA

Alguns exemplos de redes sociais descentralizadas do momento:

- **Mastodon:** parecido com o Twitter, a Mastodon é um microblog de código aberto que permite usuários compartilharem mensagens curtas chamadas "toots". Disponível em: https://mastodon.social/. Acesso em: 22 nov. 2023.

- **Steemit:** é um blog descentralizado que remunera usuários por compartilharem conteúdos de alta qualidade. Disponível em: https://steemit.com/. Acesso em: 22 nov. 2023.

- **PopSocial:** uma junção de Instagram, Twitter e Facebook que possui um token da rede, o PPT e remunera usuários. Disponível em: https://www.popsocial.io/. Acesso em: 22 nov. 2023.

- **SoulPrime:** uma rede social brasileira que promete remunerar usuários por cada anúncio visualizado. Disponível em: https://soulprime.io/. Acesso em: 22 nov. 2023.

- **Protocolo de criação – a lens protocol:** é um ecossistema de código aberto dentro da blockchain Polygon que permite a desenvolvedores criarem aplicativos de mídias sociais e monetizarem seus projetos. Disponível em: https://lens.xyz/. Acesso em: 22 nov. 2023.

Por fim, a busca incansável das redes sociais descentralizadas é promover mais autonomia ao usuário e colocá-lo no controle de seus próprios dados e experiências. Além da descentralização, enfatiza a privacidade aprimorada e a personalização por meio de algoritmos avançados. Os usuários têm voz ativa na governança da plataforma e podem participar das decisões importantes. Essas redes sociais buscam equilibrar a liberdade de expressão com a responsabilidade digital, promovendo uma experiência mais transparente e segura.

Tudo isso só será possível graças à blockchain, à inteligência artificial e às próximas tecnologias aprimoradas que vamos experimentar.

NOS VEMOS NO FUTURO!

É claro que vamos nos encontrar (e muito!) na Web 3.0. Todas essas fases, eras e momentos fazem parte da evolução do ser humano e nós estamos aqui para vivenciá-los. Estamos presenciando e experimentando novas ferramentas todos os dias, até chegar o momento em que nos acostumaremos com essas tecnologias. Toda mudança causa desconforto, mas temos o privilégio de fazer parte de tudo isso.

Enquanto as redes sociais da Web 3.0 estão em constante atualização e as plataformas de IA vão ganhando seu espaço no mundo, nós continuamos por aqui, opinando e desenvolvendo nossa capacidade crítica de avaliar o que é bom e o que é ruim para o nosso futuro.

Em 2010 não se falava em remuneração de usuários, aplicativos de automação ou ferramentas de capacidade de linguagem neural. Em 2023, só se fala disso! Vale destacar que todos esses meios podem mudar em pouco tempo. Algumas ferramentas podem desaparecer em questão de meses, criptomoedas podem se popularizar rapidamente e sumir com a mesma rapidez. O importante é aprender com cada empresa que disponha de times especializados para criar soluções tecnológicas.

A Web 3.0 está moldando um futuro em que a interação on-line é mais personalizada, as transações são mais seguras e a informação flui de maneira mais eficiente. Com essa revolução surge a necessidade de entendermos a fundo essas mudanças, pois em um mundo repleto de informações e opções, a capacidade de discernir o que é e o que não é benéfico para o nosso crescimento se torna uma habilidade essencial.

Vivenciamos uma era de adaptação constante, mas também de oportunidades ilimitadas. Conforme vamos explorando esse novo cenário digital, lembramos que embora as tecnologias se desenvolvam, a nossa capacidade de aprender, se adaptar e inovar é o que nos permite avançar e prosperar na Web 3.0 e além. Portanto, a jornada continua, cheia de possibilidades empolgantes, e estamos aqui para abraçá-las.

Parabéns por dedicar o seu tempo a aprender mais sobre a Web 3.0.

Referências

ANDRADE, Renato Abreu Ortiz de. **Metaverso** – a próxima fronteira da inovação. [*S. l.: s. n.*], 2021. *E-book*.

ÉPOCA NEGÓCIOS. E o primeiro produto comprado pela internet foi.... **Época Negócios**, 2015. Disponível em: https://epocanegocios.globo.com/Tecnologia/noticia/2015/11/e-o-primeiro-produto-comprado-pela-internet-foi.html. Acesso em: 24 nov. 2023.

GABRIEL, M. **Inteligência artificial**: do zero ao metaverso. Barueri: Atlas, 2022.

LINARES, Maria Gracia Santillana. Arte digital sem dinheiro: o fim da remuneração de criadores de NFTs. **Forbes**, set. 2023. Disponível em: https://forbes.com.br/forbes-money/2023/09/arte-digital-sem-dinheiro-o-fim-da-remuneracao-de-criadores-de-nfts/. Acesso em: 14 nov. 2023.

LONGO, W.; TAVARES, F. **Metaverso**: onde você vai viver e trabalhar em breve. Rio de Janeiro: Alta Books, 2022.

MARQUES, Gabriel. Empreendedores famosos criam DAO brasileira para educar e investir na Web3. **Exame**, mar. 2022. Disponível em: https://exame.com/future-of-money/empreendedores-famosos-criam-dao-brasileira-para-educar-e-investir-na-web3/. Acesso em: 17 nov. 2023.

SALLES, Adriana. Uma "DAO" brasileira, feminina e com viés social. **HSM Management**, maio 2022. Disponível em: https://www.revistahsm.com.br/post/uma-dao-brasileira-feminina-e-com-vies-social. Acesso em: 17 nov. 2023.

SILVA, Mariana Maria. Os 10 NFTs mais procurados de 2022 até agora. **Exame**, mar. 2022. Disponível em: https://exame.com/future-of-money/os-10-nfts-mais-procurados-de-2022-ate-agora/. Acesso em: 14 nov. 2023.

TRAVALA. Página inicial. **Travala**, [*s. d.*]. Disponível em: https://www.travala.com/. Acesso em: 17 nov. 2023.

TURCHI, S. R. **Estratégia de marketing digital e e-commerce**. Rio de Janeiro: Atlas, 2018.